CONHEÇA ASHA! ELA VIVE NO REINO MÁGICO DE ROSAS.

© Disney

VALENTINO É UM BODE QUE VIVE COM ASHA E SUA FAMÍLIA.

© Disney

ESTA É SAKINA. ELA É A MÃE DE ASHA.

**SABINO TEM CEM ANOS!
ELE É O AVÔ DE ASHA.**

DAHLIA É A MELHOR AMIGA DE ASHA.

GABO PODE SER UM POUCO RABUGENTO.

HAL ESTÁ SEMPRE SORRINDO!

© Disney

BAZEEMA É A MAIS QUIETA DAS AMIGAS DE ASHA.

SIMON TIRA COCHILOS FREQUENTEMENTE.

DARIO É BONDOSO E BRINCALHÃO.

O REI MAGNÍFICO TEM O PODER DE CONCEDER DESEJOS.

A RAINHA AMAYA QUER O MELHOR PARA O POVO DE ROSAS.

© Disney

ESTE É STAR!

VALENTINO DÁ UM BEIJO DE BODE EM ASHA.

ASHA E SEUS AMIGOS TÊM GRANDES SONHOS.